Made in the USA
Coppell, TX
24 April 2023

15997903R00059